지독한 공명

윤창도 시집

문학의전당 시인선
372

지독한 공명

윤창도 시집

문학의전당

시인의 말

노랑나비가 쑥부쟁이 꽃봉오리에 앉았다가
이내 날개를 펼친다.
물길을 따르며 당도한 가을 한낮,
저 나비도
열등의 흔적과 장애물을 건너오기까지
많은 시간이 필요했을 것이다.

햇살이 좋다.

2023년 10월
윤창도

차례

제2부

제3부

제4부

제1부

그리움

객지 생활 삼십 년, 원룸 짓다 그만둔
건설현장 앞 비틀거리며 지나가다
모래더미 위에
급히 오줌을 누게 되었다
웅크렸던 도둑고양이가 화들짝 놀라 도망가고
쉬-이-이-

밤별 유난히 반짝인다
어둠 속에 달맞이꽃도 밝아온다

모래더미는, 뜨건 분비물을 모두 받아들여
이내 흔적을 감추고 있다
어머니 사랑처럼

길을 가다 문득

길을 갑니다. 길을 가다 길을 가고 있는

개미 떼를 내려다봅니다. 나른한 봄날의 오후, 길 위에서

마침 무료할 즈음에 발견한 개미 떼, 정말 반갑습니다.

사알짝 장난기가 동합니다.

한쪽 구둣발을 그 개미 떼의 행렬 위에 갖다 놓습니다.

하늘은 이내 그늘이 지고 어두워졌습니다. 개미 떼는

겁에 질렸나 봅니다. 화물열차처럼 길게 이어진 행렬은 뿔뿔이 금방 흩어지고 있습니다.

순전히 개미 떼의 생명은

나의 구둣발에 달려 있습니다. 나의 힘은 이 순간, 위대해집니다.

잠시 잠깐 나는 생각에 눌립니다.

이런 생각의 시간은 무료한 오후를 내몰고 있습니다.

나의 힘 나의 구둣발은, 어떤 생명이 당장에 죽임을 당할 수도 있는

절대적인 힘을 가졌습니다.

사실 나에게는 이런 심심함을 달랠 상상의 시간이 즐겁습니다.

애초부터 개미 떼의 생명을 앗을 악한 마음은 존재하지 않았습니다.

길을 가다 길 위를 가고 있는 나의 오늘도 이와 같겠지요. 깨금발 자세를 풀어

한 발짝 폴짝 뛰어봅니다. 그리고 개미 떼를 뒤돌아봅니다.

길 위에서 문득 느끼는 새로움, 정말이지 뭉클합니다.

통증 한 장

아버지와 아들, 지붕 위에 있습니다
간밤 천둥 번개 우르르 떨어졌던 것이
꽃잎이면 좋았으련만 빨간 슬레이트 지붕 집
구멍 난 지붕 수리하고 있습니다
마당 가운데 어머니가 쳐다보며 가슴을 졸이나 봅니다
동풍이 부는지, 어머니의 긴 머릿결
서쪽 방향으로 쏠려 있습니다
누렁개는 신이 난 듯 지붕 쳐다보고
유채꽃 노란 꽃밭, 봄날은 배경 가득 출렁이고 있습니다
햇빛 지나가자 그림 사진으로 복사된
왕벚꽃처럼 노출된 그림엽서
왈칵, 문 열고 경계 넘어온 파문
살 속을 파고들며 슬레이트 지붕 집
빗소리인 양 유년의 기억 흔들어 깨웁니다

아릿아릿 되살아나는 통증 한 장

인대가 파열되었다

공 차다 무릎 십자인대와 측면인대가 파열되었다
사십 대 중반의 몸이 기우뚱 한쪽으로 쏠렸다
푸른 칠월의 잔디밭이 전신을 보듬었다

"니 괘안나?"
잠시 잠깐, 아버지와의 통화
"그래, 회사는 괘안나?"

비바람이 병실 창문에 와서 덜컹인다
'도시 가구의 100가구 중 14가구가 빈곤층으로 전락하고 있다'는 뉴스
네 식구, 부러진 다리마냥 기우뚱거렸다

벽 너머 방으로 가고 싶다

어스름 깔리기 시작할 무렵
박쥐 떼,
하늘을 묶어버린 전깃줄 위로 날아오르고
나의 의식은 차단기로 뻗어 있다
모래알에 시멘트 다져 뭉쳐진 벽
작은 구멍이 송송 뚫려 있고
서너 가닥의 전깃줄이 전류를 갖고 들어갔다
바위틈 사이로 떨어지는 석간수처럼 송신을 띄우면
저 보이지 않는 벽 너머 방에서는
어둠을 내모는 형광등 불빛이 켜지고
낡은 축음기의 노랫소리와 냉장고 모터 소리가
작은 구멍으로 끊임없이 건너오고 있었다
두꺼비집 미터기에 체온을 높이며
저 벽 너머의 방과 희망의 교신을 노래할 수 있을까
낯선 기호가 스멀스멀 흘러나오는
벽 너머 방으로부터의 수신
낮은 기척으로 정전의 물살이 일고 있다
물증과 느낌이 없는 불안한 밤이면

나는 퓨즈를 다시 갈아 끼우고는
차단기를 얼른 올려놓는다

풍경

비 맞고 서 있다
맞은편 아파트 입구
열 살쯤 되는 아이
동네 짓궂은 아이에게 벌 받고 있는 걸까
두 손을 우산인 양 받쳐 들고
비 맞고 서 있다
아파트 베란다에서 본 가을
붉다,
황엽 하나 둘
젖은 색지가 흩날린다
유치원 버스에서 노란 우산 든 아이
폴짝 내린다
비 맞고 서 있던 아이
잰걸음으로 달려가
우산을 대신 받쳐 든다
이내 가방도 건네 들고
두 자매, 가을 빗속
총총 사라진다

얼룩을 뽑고 있다

락스 부은 대야에 빠진 청바지
얼룩 뽑고 있다 아교처럼 달라붙은
보기 싫은 얼룩만 빼면 될 것을
아랫도리 내어주며 푸른 진물 뽑고 있다
고압과 고온이 아닌데도
긁힌 한 생을 고스란히 맡기는 행위,
너의 강으로 건너가는 교감신경계를 끊기 위해서다
부드러운 속살 껴입고 거리를 탱글탱글 활보하였고
때로는 진창길 지나 늪 주변 배회하였던
시간, 어느 어둠진 자리에서 묻어온 흔적인지
해독되지 않은 슬픔덩이다
지독하게 끙끙대며 머물다 온 자리인가
문신처럼 큼직한 주름 손바닥으로 밀어대도
지워지지 않는다
저 자국 뽑아내기 위해
구겨지고 비틀리는 청바지
온전한 자기 색깔을 내어주고 있는 것이다

산딸기 한 움큼

기억을 열자
붉은 산딸기
터졌다

누나의 방 앞 마루에는 한 달마다
요강단지가 놓였고
그 피는 신기하였다

요강단지 주변을 기웃거리다 함몰된 달

맨드라미처럼,

몽환 하듯,

쑤욱 차올랐고

붉은 요강에 빠졌던 달
꽃처럼 피었다

또 그렇게 지고는 했었다

지워지지 않을 손끝의 자국처럼
느릿한 기억을 데불고
바알간 산딸기 입자 속으로 애벌레가
파고들고 있다

새벽 강으로 가는

슬픔이 차면 강으로 간다
바늘꽃 자귀풀꽃
들꽃 내 철철 담장 없이 이우는
그런 강으로 간다
절룩이며, 밤 내리기 무섭게
굽이굽이 들잠 밝히는 바람결인가에
해 내린 간밤 살별들의
허기로운 눈빛 묻어 있고
풀잎 이슬방울에도 슬픔이 스며 있는 새벽 강
어두운 강 저편
낮게 등 굽은 불씨가 아른아른 흔들대는
그런 강가에 홀연히 서면,
이제껏 좁은 시멘트 바닥을 뒹굴던
감긴 태엽 스르르 제풀에 풀리고
이따금 하현달 쳐다보며
불쑥 커져 버린 보잘것없는 꿈의 자국조차
아랫도리 훤히 찢어발긴 채
첨벙첨벙 강물에 몸 던진다

씀바귀 쇠비름 싱싱하게 뒤섞여
서로의 아픔 다독다독 몸 비비는 강
새벽을 깨우는 종소리마저 물안개로 떠오르는
슬픔이 차면 새벽 강으로 간다

모래

물변녘 빛살에 찔린 모래여
너는 눈물이 흔타
방울방울 물방울 엉겨 붙고 모여
지류에서 쉼 없이 빗살무늬 친
강이 된 물살 따라
덩치 큰 바위에 부딪치다가
때로는 풀뿌리에 발목 잡혀
아우성 뽑으며 살았지
굽이굽이 급류에 부대낀 나날,
낮게 수런대는 풀잎의 속삭임 곁
바싹 똬리 틀고
해종일 몸 씻으며 살았지
어느 날, 물밑으로 자맥질하다
생판 낯선 얼굴에 경악하고
때로는 남몰래 꿈틀, 하하하 숨기면서
몸 씻으며 뒹굴었지
물변녘 빛살에 찔린 모래여,
너는 눈물이 유독 흔타

슬픔을 패스하는 아스팔트

비 오는 날
한 주검을 보았다
비가 오면 유난히 검게 빛나는 아스팔트,
프라이팬 위의 타는 목살처럼
고양이 한 마리
이 세상을 향한 마지막 비명도
빗소리에 묻혀간 저물녘
질주하는 자동차는 속도를 늦추지 않았다
행인들도 분주히 길을 가고 있다
비바람이 불고
다만, 차량들은 죽은 시체 앞에 당도하여
급히 핸들을 꺾을 뿐
자동차 바퀴에 핏덩이나 살점이 달라붙을까
이리저리 좌우로 비껴 지나며 포효하고 있다
주검 위를 지나간 차량들은 창문 열고
침 뱉고 지나가는,
검은 아스팔트 도로는 슬픔을 그냥 패스하고 있다

고라니가 로드킬 당했다

한 줌 욕망의 속도를 따라가지 못한 몸뚱어리
로드킬 당했다
곧 도달할 저 길,
종족보존과 먹이를 얻을 터
몇 미터 남겨두고
벼랑 속으로
차가운 아스팔트 위에서 구겨지고 있다
몰골이 이상하게 변형된
여기저기 핏덩이와 살점이 난잡하게 널브러져 있다
이승에서의 마지막 뜨거움을 퍼질러 놓은 검은 도로 위
허연 김이 피어오르고 있다
산다는 것은 때로는 저 고라니처럼 경계를 넘어서야 할 때가 있다
빛을 잡을 손끝 닿기도 전에,
12월의 딱딱한 아스팔트에 껌처럼 납작하게
압착되어 가는 고라니
한 마리

새로운 길은 좀처럼 열리지 않았다
자동차 행렬은 속도를 늦추지 않았다

너를 만나 행복한 산더덕꽃

너를 만나 다행이다
타고 오르지 않으면 꽃 피우지 못하는
삭아 드는 육신의 천형
너를 만나 치유를 꿈꾸었다
강강술래 나의 숙주야
빙글빙글 돌면서 때로는 비틀면서 늑골 감고 올랐었다
따뜻한 내 몸의 온기를 내어줄 것이다
결박당했다 말하지 말자
무성한 넝쿨숲은 우리들의 서식지
한 줌 햇빛 구하기 위한
편안한 동거,
어깨동무하였다가 때로는 너의 허리 잡고
푸른 하늘로 한껏
고개를 밀어 올렸었다
그제서야 품삯인 양 슬쩍 흘려놓던
산더덕꽃 향기

어둠이 내리면

근무지에 어둠이 사뿐 내리꽂힌다
가을 하늘은 높고 푸르지만
가을밤의 지붕은 유난히 낮다
바람에 묻어나는 어둠 자락은 외로움과 쓸쓸함
비를 뿌린다
밤은 점점 깊은 골로 간다
나는 야근을 하느라 근무지에 묶여 있다
집 생각이 절로 피어나고
아내의 밝은 미소와 딸아이의 재롱 속
안방 문을 잠그고 싶다
옆자리의 연주 씨와 장 계장은 그러나
묵묵히 정말이지 묵묵히 일하고 있다
저들도 집이 있을 것이고
누군가 뜨겁게 반겨줄 사람이 있을 텐데
나는 어둠을 밀고 집으로 가고 싶다
어둠이 밀려오면

소가 되다

할미꽃 대궁 닮아가는 팔순 내다보는 어머니
텃밭 쟁기질하신다
이글거리는 유월 땡볕
아지랑이도 허리 굽었다

고향 집에는 일소가 없다
그렇다고 낡은 경운기 한 대 없으니
오늘은 내가
일소가 되는 날

강낭콩 뽑아낸,
마주하면 슬픔뿐인 텃밭
메주콩 심으려고 땅갈이를 한다

때 놓치면 농사 그르친다며
도시에서 불려와 쟁기를 끈다
마른 땅일수록 더 힘껏 용을 쓴다
탱탱이 당겨져 오는 칡순 같은

어머니의 생

미풍이 건들 가슴을 치고 간다
어여차, 쟁기날에 갈아엎는 밭고랑
가로줄 그어가며 읽어야 할 고전이다

혹, 우리들의 사랑도

인쇄 버튼을 눌렀다 컴퓨터에 연결된 컬러 프린트는 몸을 부르르르 떨고 있다 가로줄 부산하게 길을 내며 사진을 뽑고 있다 주산지의 무성한 왕버들나무를 배경으로 찍은 사진들 밀려드는 연못의 물결처럼 환하다 아름다운 한때의 흔적들이 모니터 가득 묻혀오는 파노라마 영상 어어, 이게 뭐야 갑자기 주산지 위로 수십 번의 보름달이 헤엄쳐 가을을 옮겨 놓았는지 출력된 컬러사진은 푸른빛이라고는 찾아볼 수 없는, 온통 핑크빛이다 한순간 빛의 입자가 그대로 와 박히는 짜릿한 멍울 아차, 푸른 잉크가 소진되어 더 이상 그 색을 공급받지 못한 컬러 프린트 우리 가족 나들이는 얽히고설켜 출력되고 있다 사랑은 이글대는 여름 햇살에 확 데인 현기증, 전원을 얼른 차단해야 한다

제2부

불면

절망이 누워 있다. 몸속에서 꿈은 헤엄쳐 나와 천장에 대롱이며 물구나무를 선다. 방문 앞에 다가와 뜸베질하던 겨울은 유리창처럼 깨어져 어지럽다. 빈 깡통이거나 비닐봉지, 나뭇가지 핥는 작은 소리마저 실눈 뜨고 살아나는. 이부자리를, 살 속 찌르며 집요하게 파고드는 건방진…… 어둠이 점점 밝아 보인다. 찐득한 일상, 슬픔의 덩이 침묵하다 수색대원처럼 일어서는 밤. 눈을 감는다. 별들은 흔들면 홍시처럼 떨어져 뒹굴 부신 불면. 방문 열면, 깁스한 하늘이 웅성이며 새벽을 몰고 있다.

꽃 떨어진다

공원 구석진 곳에서 오줌을 눈다
목련나무 뒤에 숨어서 눈다
이유 없이 툭, 툭 꽃잎 지는 소리에
몸 움츠리며 남몰래 훔쳐 누는 방뇨
도망가는 봄 같다

노름빛에 쫓기듯 누는 오줌
순식간 목련나무 밑동을 후벼 파는
치명적 소통,
작은 구멍 하나 뚫고 있다
저 거침없이 터져 나오는 오줌발
호스를 자르거나 무거운 힘으로 눌러버린다면

등줄기에 햇살 내린다
허리춤 아래에도 봄 햇살 꽂힌다
몸을 탈탈 털며 적멸보궁 속으로 빨려드는데,
목련꽃은 나뭇가지에 매달린 채 입술을 태우거나
풀밭 위 찢긴 브래지어처럼 흩어져 있다

꽃 떨어진다

그만 누어라

풍경 2

미루나무 군락 아래로 꼬마 녀석들
푸른 방죽 길 열고 있다
씀바귀 찔레꽃 훤한 길
앞서거니 뒤서거니 자전거 페달 밟으면
바큇살에 고양이처럼 뒹굴며
데굴데굴 놀고 있는 봄 햇살
논배미마다 꼬마들
까르르르, 고 이쁜 몸짓
물그림자로 깊게 담아내고 있었다
노인 하나
둘
셋
저물녘 방죽 길에 모여 앉아
눈길은 그윽이 강물을 좇고 있다

복사기 앞에 서서

몸 살라도 벌떡 복사되지 않는다
매번 뇌 속에 잠들 수 없는
시큰한 사연
어헤라 밤길 헤매 돌며
겨웁네라 겨웁네라
그대 오는 길목
나아가 호흡 새롭게 가다듬었다
그대 돌아오는 사잇길
환장하듯 달덩이처럼 오롯이 밝아지고
티눈 같은 그리움
가슴에 박혀 수북이 쌓이는데
복사되지 않는다
미쳐라 납작 엎어져
그대 살 비벼대도
알알이 복사되지 않는다
그대 사랑의 벙근 무게
얼마큼 가슴에 터져 실려야
검은 그리움의 장식을 건널 수 있는가

3초간

뚝 떨어진다
"아악~"
비명 3초간

여름 땡볕, 놀이공원
세 시간 기다리다 타보는
아찔한

고무보트 손잡이에 힘 들어간다 타워부메랑고
엉덩이 흡판처럼 붙이고
그 짧은 순간의 현기증

떨어지기 위해 계단을 오른다
옥상에서 뛰어내리지 못한 사람들이
어떤 경계를 넘고 있다

순간 하늘이 날았다
시간은 비명을 불러내어

3초의 낙차 간, 안락에 든다

또 3시간을 기다린다

수몰지구로 간 김 씨

기억의 단층이 층층이 스며 있는 임하댐에 가면
고여 있는 눈물이 먼저 울컹인다
저 부신 빛의 파문
햇살 받아 반짝이는 물고기의 비늘에
잠들지 못한 그리움을 훔쳐본다
환장하듯 그리움이 손수건을 꺼내든다
굴뚝 속으로 송사리들 헤엄쳐 돌아다니고
무너진 사립문으로 초어가 나다닌다
배스 몇 마리 흙담을 월장하여
열어젖힌 안방과 작은방을 자유로이 거닌다
한평생 물고기처럼 길을 내며 들락거렸던 그 길
귓속으로 밀려왔다 밀려 나가고 있다
그 길은 커다랗게 입 벌린 상처
기억의 흉터로 굳은 자리 되고 있다
잠시 멍하니 앉았다 일어선 자리
금 간 마른 진흙덩이 틈새
하얀 냉이꽃 피어나고 있다

매미 소리

매미 떼 세상이다. 말복 지난 여름날, 동네 어귀 당수나무 그늘에 드러누워 보았다. 지천으로 들끓는 매미 떼 소리. 세상의 모든 소리를 닫아 버렸다. 하늘의 뭉게구름도 더 높이 밀어 버리고, 맴- 맴- 맴- 연신 지열을 지피고 있다.

어디까지 따라붙을까? 발길 옮기면, 이내 매미 소리 목덜미를 움켜잡는다.

방안으로 들어가 방문을 닫으면, 지난 바닷가의 비릿한 추억이 소라껍데기에서 묻어 나온다. 매미 소리도 그렇게 귓속을 떠나지 않고 살고 있다.

너 핫도그여

길바닥에 내동댕이쳐졌구나
별달리 뜻 없는 입들이 네놈의
오장육부 저 깊은 곳까지 군침을 삼키다가
잘 발달된 혓바닥으로 낼름낼름 핥다가
길바닥에 버럭 내동댕이쳐졌구나
질퍽이는 길바닥에 내동댕이쳐졌구나

장맛비를 맞고 있었다 속절없이
겨울비는 내리고 있었다

빗물에 불어 마침내 튀밥처럼
팅팅 비대해질 대로 비대해진
아, 형체를 알 수 없이 변한
너 핫도그여
차라리 살점이 뿔뿔이 흩어져
하수구로 흘러들어
어둡고 퀴퀴한 하수구로 들어가
생쥐의 주린 배를 채워줄 먹이나 될 것이지

그것도 아니면 빗물에 씻겨 내려가
강물의 흐느낌 따라 아우성이나 쳐볼 일이지

어디로 갈 것인가
너 핫도그여

맨홀 뚜껑을 열며

떨어지고 싶다, 맨홀 바닥으로 흘러드는 빗물의 법칙처럼 아래로 줄곧 아래로 내닫는 그런 욕망

결 고운 벚꽃잎이 봄날을 떠받들다 떨어져 흩날리는 아름답고 가벼운 비행

유월의 보도블록 거리를 헤매다 본다, 선과 선이 맞닿아 한 하늘 가득 전깃줄의 올가미

맨홀을 연다, 어둡고 퀴퀴한 지하 감추어진 수많은 가닥들이 은밀히 내통하고 있다

아, 내 지독한 절망의 몸부림 잠재울 그 어둠의 나라으로 떨어지고 싶다

여명

수탉이 홰를 칠 새벽녘
물그림자로 거꾸로 서서
벌물을 들이켜도
이내 좋아라
그것이 흙탕물이어도
어둠은 서산마루로
우우 물러가고,
어디에선가
안개 자락에 산 이마 벗겨지듯
그리운 사람들이
남과 북의 장벽을 넘어
둥둥
수탉이 홰를 칠 새벽녘
서로 환한 얼굴 껴안을 것 같아
못내 좋아라

이런 노래를 꿈꾸며

꿈꾸며 살고 싶다
생명선 재촉해도 좋아
그래, 아궁이 불문 열어 줘
황소처럼 살다 아침이면
부엌문 앞으로 끌려 나와
비록 식칼을 맞을지라도
밤새 화덕에서 벌겋게 흘레붙던 몸뚱이
허리 삭둑 동강 날지라도
불문 닫고 산 날들
그 얼마나 답답한 겨울이었던가
꿈꾸며 살고 싶다
아궁이 불문 활짝 열어 줘
컴컴한 얼굴 가슴 헐떡여
싸늘한 바람 온몸으로 옹골진 구들목까지
사방 거침없이 뜨건 열기 몰고
아, 오늘 밤
당신의 허리 달짝지근 녹여 주는
부신 삶을 노래하리라

빛나는 세상 노래하리라
봉창 기어든 겨울 달빛
목마르게 밝다

슬픔이 녹다

하산길 등산로가 질펀하다
이른 아침, 등산길은 언 땅이었으나
자기들끼리 단단히 뭉친 황토
언 땅을 비추며 해종일 스며드는 햇살
빛 닿으면 속살까지 풀어헤치는가
엉김과 풀어짐이 참을 수 없이
팽창하는 두 힘
바람에 숲은 술렁이고
갈참나무 잎이 바스락거린다
간밤 해 저문 산골짜기는 어둡고 시린 바람에
압축된 몸
누구나 따뜻한 사랑 받으면
뭉쳤던 가슴 풀어헤쳐 보이는가
하산길, 아픈 자리의 상처가
신발에 자꾸 달라붙는다

출근길

시멘트 바닥의 일상 속으로
딱딱한 각질의 계단을 오른다
바람은 촉수를 드러내고
연신 이마를 훑고

빵 부스러기처럼 긴장이 풀린
새싹은 뾰족뾰족 고개를 치켜들고

수없이 모래알 감춘
콘크리트 계단의 엉긴 미립자
유리창같이 금 간 조각조각 층계
비명만 으깨어져 뒹구는 발밑

나의 아침은
헉헉한 입김 뭉게뭉게 피었다

열리지 않는 방

열리지 않는다 열리지 않는다
손발을 비벼도 비벼도
시린 체온의 방
닫힌 의식의 창들을 두드릴 때마다
감전된 혼돈
망각의 슬픈 비듬은
종일토록 휴화산 분화구 위로 흩날리는데
청석의 소리 배어나지 않는다
아직은 살아 꿈꾸는
생살의 더운 피와
뼈의 희망은 중천에 박힌 불덩이
분명, 열린 의식의 몽우리는
해원의 푸른 물길 향해
시야 가득 자맥질해대는데
열리지 않는다 닫힌 의식의 창들은
끝끝내 열리지 않는다
이러다 정말이지 자리 펴
주검 같은 절망을 풀어 놓고서야

우상의 갈매기여

어지러이 별무덤 사이를 날아오를 것이냐

불완의 정원수를 생각함

시멘트 3층 철골 건물, 그 옥상에 심어진 인공의
정원수는 늘 불안하다
한 리어카 분의 황토에 뿌리내린 나무
오후 한때, 고무호스로 자양을 공급받아
수직 하강하는 뿌리
시멘트 바닥의 늑골 따라 땅과 내통을 서두른다
작은 구멍이라도 뚫고, 조그만 허점 찾아 떠나는
저 우글거리는 생장점을 보라
건물 외벽을 타고 기어오르는
등나무와 담쟁이넝쿨의 낯선 부호,
황토 밖으로 밀치고 나온
그러나 끝내 가닿지 못하는 절망의 덩어리를 본다
희망은 녹슨 철대문만큼이나 바람에 떨고 있다
차라리 수도꼭지를 잠궈야 하나

제3부

봄을 생각함

신천(新川) 둔치를 걷는다
몸에 와 살강이는 저 미끈한 바람,
한입 베어 물면
아삭아삭 소리 난다
개나리 노란 꽃잎
입안 가늑 날아들고
잉잉거리는 벌 떼를 생각함
땅은 쌈질하며 새순을 일으켜 세운다
가슴 아릿한 지난겨울의 기억
딱딱한 껍질을 깨고
백목련 꽃망울 뜨겁다
손은 발길보다 먼저 나아가
홀로 설레는지
꽃대를 꺾고 있다
발걸음 간지럽다
봄은 그렇게 오고 있다

봄을 느낌

꿈틀꿈틀
꽃다지 고들빼기 흰제비꽃
신호탄처럼 서로 일어나고 있다
자잘한 햇살이 머무는
봄엔
주체할 수 없는 어떤 힘이 도사리고 있잖아
숨이 붙어 질긴 생명
새순이 나뭇가지를 흔들고
나풀나풀
하, 고 작은 오목눈이새가
매화나무 잔가지 옮겨 다니며
톡톡 연한 부리로 대문을 쪼며
봄을 켜고 있다
겨우내 옹이 진 기억
실핏줄 선명하게 터트리고 있다
덩달아 이즈음,
가난한 내 사랑도
전신에 물올라

싱숭생숭
달고 있다

삼월은 자유다

삼월은 자유다
휑한 불모의 길
간척하며 오는 명지바람 아니어도
산등성을 타고 넘어와
눈앞 발디딤마다 생명이
자유가 비상한다
삼월은 자유다

두터운 암반을 뚫는
새싹의 부신 함성
해서
삼월은 땅의 축배다

눈바람 무섭게 달려들던 어제의 길
낮게 숨죽인 포갠 꿈들이
엉겨 있던 씨앗들이
저린 가슴 풀 수 없어 꼬물꼬물
아뿔싸

황홀한 망각이여,
밀알들이 눈밭 걷어내며
시퍼런 창(槍)을 간다

삼월은 자유다
텃밭 같은 사람들이 한데 모여
서로의 체온 부비며
살아 있음을 확인하는
삼월은 자유다
삼월은 푸른 외침의 해후다

봄

꽃대가 솟구치고 있다
한 이틀 사이 베란다의 수선화
노란 꽃 달고 있다

봄은,
뭐든 쑥쑥
쑥쑥

수면 위로 붕어가 솟구치고
논둑 위로 개구리가 뛰어오르고 있다

달래 쑥 정구지
흙덩이 이고
쏙 쏙
쑥 쑥

덩달아
감탄사 여기저기 솟구치는 봄

봄에 들어서다

물길 놓고
여기까지 달려왔느냐
선잠 깬 나무
송두리째 목숨들이 아궁이 열고
터질 듯 객혈을 토하고 있다
발정한 고양이가 밤새 발톱으로 긁었는지
가지마다 아토피를 앓고 있다
저 꽃을 보면
심장이 욱신거리고
나비 떼 찾아들어
지갑을 폈다 접었다 한다
몇 소절의 창법으로
울대를 꺾고 있다
온통 모가지가 붉다
꽃 사태 속
봄바람이 불안하다

비 오는 날의 象

비가 온다 비 오는
팔달교의 시계는 분주하다
다리 위, 정체된 자동차 행렬
몇백 미터 꽁무니 물고 서 있다
성질 바쁜 사람들은
연신 경적을 울려대고
늦어지는 출근을 걱정하며 발 동동 구르고 있다
이 다리를 건너야 한다
엉겨 붙고 신음하며 갇혀 쩔쩔맸던 지독한 순간들,
몸보다 먼저 질펵한 길을 달려가다
토막토막 잘려나가는 누수된 시간을
말
아
쥐
고
기억의 노폐물을 익사시키고 있다
안개는 낮게 내려와
흐르는 강물을 지우고

물오리 몇 마리
금호강에 잠수하며
꾸물꾸물 기어가는 자동차 행렬을 끌어가고 있다
우리들의 아침은 시간의 무덤에 갇혀
그렇게 증발하고 있다

칼 갑니다

칼 가르~ 칼 가러요
그의 외침은 밥줄이다
들안길 먹자골목, 돼지갈빗집에서 칼을 받지 못하고
그 옆 횟집으로 문 열고 들어선다
칼 가르~ 칼 가러요
녹슨 칼과 무딘 칼 몇 자루의
일감이 양식이다
양지바른 자리에서 칼 간다
가을볕에 쪼그리고 앉아 칼 간다

찍어 누르는 무게만큼 모서리로
흘러내리는 사연
숫돌에 부딪칠 때마다 칼의 이력이 배어 나온다
남의 집 칼을 반평생이나 갈아 왔다며
비석의 비문처럼 익숙한 손놀림
녹물이 두두둑 떨어진다
어디 무뎌진 것이 칼뿐이랴

칼 가르~ 칼 가러요
푸른 바다 가르던 등지느러미의 싱싱한 추억이
비린내로 묻어나고
칼날은 더 깊은 곳
생장점 찾아 예리한 무늬로 살아나리라
김 씨의 구부정한 어깨 위로
찬란한 가을볕이 지나가고
칼 가르~ 칼 가러요
그의 외침이 골목을 돌고 있다

꿈 이야기

눈 펑펑 내리는 설산에서
흰 코끼리 탄 소녀
꿈속을 너울너울 걸어 들었다
성당 어귀 어슴푸레 돌아
함빡 낡고 소슬한 뜨락 저며 들며
컹 컹 컹
얼을 뽑고 다녔다
산 너머 햇살 소복이 쌓이고
잔잔한 바람 향긋 일었다
아흐, 홀로 뒤채며 아득히 불렀던 노래여
흰 코끼리의 발짝에 자르르 부서지면서
깡그리 부서지면서
맑게 다시 차오르는 성곽이었다
깨진 기왓장에
동강 난 기둥에
참조기의 눈빛으로 살쩌 있는
흰 코끼리 탄 소녀의 팽팽한 눈물
폐부 깊숙이 더운 사랑으로 살아 있었다

관계

태풍주의보에 발 묶여 있다
창밖 보면 왈칵 어둠이 살아 건너오고
덜컹거리는 유리창, 빗방울 내 불안한 휴가를 떨어뜨린다
태풍 피해 상황을 방출하는 TV 뉴스 속보
돼지와 닭들의 시체가 큰물에 떠다니고
나의 시력은 점점 밝아온다
산을 흔들어대는 비바람
골짜기 가득 소름꽃 피우고
풍뎅이 매미 부나비 날파리 떼
용케 대피한 사각의 방
바닥에는 그들의 시신이 팽개쳐 널려 있다
아등바등 파닥이는 한두 평 속의 몸짓
모기향 지지지 안전지대의 음모가 타오른다
태풍주의보에 발 동동거리는데
하얀 양말 바닥에는 생명들이 눌려 있다

꽃 노래

싱싱한 음절이
꽃을 삼키고 흠씬 취해 낙숫물처럼
뚝, 부러지면
먼발치로 등 돌리는 발자국마저
회초리가 되는가

수화기에 귀를 대면
도무지 알 수 없는 그리움이
이 지랄 같은 해나절 지열로 붐벼 오르는
잠들지 못한 낱말들이
불면을 사위어
급히 급히 조타(遭舵)를 친다
마비된 감각
다시 일으켜 세워 주세요

훍바람에 나풀나풀 날리는 씨앗
푸르게 젖은 이별
생생한 꽃잎의 결정으로 흩어지는 경박함이여

후줄근 목젖을 타는 수액이 되면
별밭을 거닐던 얼룩진 현기증
다소곳이 담벼락에 기대어
새삼 눈앞 분수처럼 차오르는
꽃의 기호들을 줍는다

이런 풍경

삐꺼덕 삐꺼덕
목조다리 건너서 옆집 아줌마
꼭두새벽 행상 가신다
십여 리 길 목 좋은
길목 잡기 위해
종종걸음 리어카 끌고서
행상 가신다
연일 저기압골 안개 자욱한 길
몸부림치듯 몸부림치듯
허물 수 없는 삶을 싣고
덜커덩덜커덩 행상 가신다
발길마다 바퀴에 묻어나는 파쇄음
옆집 아줌마의 하루는 그렇게 시작하여
그렇게 실려 오신다
결혼 팔 년, 남편 잃은 설움으로
아들 셋 둔 넉넉함으로
도심 한복판 낮게 낮게 쪼그리고 앉아
아침 햇살 받아 반지르르한

과일 파신다
어질머리처럼 표표히 일어나는
억척의 꿈 파신다

봄 앓이

꿈꾸어도 꿈꾸어도 채 멀미 없는
푸른 숲 푸른 싹
쏙쏙 돋아난
언덕에 차마 서고 싶어
나는, 긴 겨울 산허리
엎드려 누운 길섶을 헤치며
살아나 흐느끼는
겨울초 울림 따라
잠시 잠시 마주 흐느끼다가
종달새 우짖는 청보리밭에 비비고 앉아
조바심에 번져오는
봄의 침묵을 털고 있었네
바다처럼 일렁이는 파도의
몸짓 사이
설핏한 황사바람을 만나고서야
어쩐 일인지
나는, 걸음보다 먼저
등덜미가 뜨거워

등덜미가 뜨거워
죄지음도 없이 저미어 오는
봄을 앓는다

봄 언저리에 내려서면

1

봄 언저리에 문득 내려서면
발가벗은 나무
죄다 불기둥 현기증 게워낸다
끝도 없이 차오르는
꽃순의 시퍼런 함성
아, 토막 난 바람
물기 올라 숨찬
촉촉한 내 속살을 애무하느냐
교태의 몸짓 한껏 부려
소박한 내 가슴팍을 북북 긁어 놓느냐

2

봄 언저리에 아득히 내려서면
피멍으로 피어 아름다운 나무
왈칵 생명의 울음 뱉어낸다
아, 한 때의 텃새
만리풍 몇 날이나 기다렸던가

변덕과 수다의 바람아
이제 마악 학대의 계곡을 헤쳐나온
꽃순의 흐느낌
산모의 고통처럼 팽팽한 아우성 낳느냐

호박을 보며

상강 지나 처가 담벼락에서 따 온
대갈통만 한 누런 호박
안방의 장롱 위에 올려놓았다
만삭으로 치닫는 아내의 배를 애무할 때면
힐끔 그 호박을 쳐다보게 된다
탐스럽게 반지르르 윤기 감돌아
금방이라도 일어서서 어루만져 주고 싶다

아이아, 꽃을 피워 꿀벌을 모았겠지
칠팔월 뜨건 햇살과
장맛비 흠뻑 맞고
튼실튼실 모양새 한껏 뽐내었겠지

팽창하는 아내의 배를 볼 때면
몸무게에 실려 오는 부푼 기쁨
안쓰러웠던 불안 이내 몰려들고
저 호박, 나에게는 장식품이 아니듯
아내가 굴려 가는 욕망

안식이 아니기를

호박이 부풀어 오르고 있다
그 깊은 동굴 속으로 걸어 들었다

잠

보이지 않는 시계가 있다. on/off 예약 시간이 입력된, 7시면 척추를 일으켜 세워 화면을 켠다. 리모컨으로 작동치 않아도 저 혼자 알아서 켜지는 TV

— 위조지폐 사건의 범인…… 이번에도 시민의 제보에 의해 검거되다.

몽롱한 의식 속으로 사건 사고가 날벌레처럼 날개를 달고 잠입하는 아침, 사각의 골방에 누워 웃풍이 무서워 담요를 잡아당긴다. 9시면 화면을 자동으로 지우고, 보이지 않는 시계도 잠 밖으로 파묻힌다.

—구룡포 방파제에 서서 잿빛 겨울 바다를 바라보다…… 지리산 뱀사골 폭우 속을 들꽃과 거닐다.

나는 잠 속으로 이불을 당긴다. 편리한 세상의, 꿈의 터널로.

제4부

파종

농구를 잡고
사방으로 튀는 햇살 아래
야트막한 산밭뙈기 일군다

불끈, 엷은 물기에 젖은 풀포기의
푸른 멍을 찍어 올릴 때마다
농심의 무딘 꿈을 달래는
소박한 씨앗 한 줌

바람 몰래 쑥쑥 크는
야트막한 산밭뙈기의 미미한 생명
해마다 숙연한 희망을 펌프질하면
간혹, 주먹만 한 가슴의 돌부리
몇 뽑혀

산비탈 어스름 속
둔중한 몸 던진다

도꼬마리풀

소소한 바람살에도 곧잘 누누히 꺾이는
풀대들의 거울 앞
땅거미 지기 전
딱딱한 슬픔의 타종
발그레레 빗방울로 물러터진

도꼬마리풀, 무리 지어 무리 지어 우거진
억새밭 사이
낫날에 검은 손 살살 문지르며
구천(九天)의 꿈 보듬고는

종종 노을로 멍울지는 슬픈 노래 풀어
축축한 헝겊 마른 손으로
마른 손으로 쥐어짜며
슬퍼 보이면서도
언제나 슬픔에 익숙해지려
안개 속 밀알처럼 몸뚱이 싸잡고

억새밭
섬뜩한 바다
건너온다

강변에서

들풀의 낮고 가쁜 숨소리
하루의 피로가
내재율로 번지는 강
물살에 살점 찢기우며
억세고 그윽한 풀꽃들의 이야기
푸성귀의 허기로움
급류에 휘감겨 살강, 살강이는데
시방 미친 듯 강을 거슬러
간헐적으로 풀어보는 장다리 꽃대궁
아직은 제 몸 하나 가누지 못해
호흡마다 잔기침을 하고
빛을 두른 너른 강
물기 젖은 언어
끈덕진 유산처럼 저미어 오는데
구갈(口渴)의 몸통
뼈마디 마디 살점이 몸 밖으로
떨어져 나간다

들판에서

갑갑하여라, 생살을 드러내 놓고
손발이 저린 묵정밭의 건초 덤불 지나면
청청한 하늘은 바다로 밀려나 있다
황토밭에 뿌린 시(詩)
침침한 풀독이 올라
날 밝으면 장맛비로 불어난 강으로 간다
아, 팍팍한 붓끝에 수맥은 애끓어라
살아 미소 짓는 새벽 숨결에
조카 녀석 배꼽같이 작아진 시(詩)
가슴 조이고,
이따금 비늘처럼 튀어 오르는 들머리의 애환
폐목선 세운 물길 따라 띄워 보낸다
갑갑하여라, 밤잠 설치며
빗방울 소리 깨어난 해안통 검문소 지나면
문중답 서너 마지기 같은 시(詩)
날 밝으면 강으로 간다
건강한 시력을 가진 푸들거리는 바다로 간다

풀의 노래

공장 굴뚝 연기 속
해 내리는 저물녘
웅크리는 어둠 조각 밀며
때 묻은 작업복
어둠 헹구러

유년의 기억이 퍼득퍼득 살아
제방 둑으로 걸어 나오면
늘 구겨져 있으면서도
새삼 구겨진 황량한 방죽의 다북쑥처럼

살아 있다
살아 있다 나는,
이 땅의 푸른 잎사귀와 뒤엉겨
서로서로 몸 기대 서걱이며
걸쭉히 외쳐보지만

아픔이 깊으면

제 상처의 깊이도 잊히는지

포말처럼 찢겨 창백히 널브러진

숱한 다짐들

이미 구겨진 강바닥에서

강바닥에서 일제히 다독이며

다시 일으켜 세우는

너는

들의 노래

소 거름 삼태기에 퍼담아
들파밭 머리 에돌아 간다

물오른 산등성
삼복더위 속
빛의 비늘에 달아오르는 남새밭
소 거름 꿈 조각 흩어 널고 나면
으쓱,

빛나는 땀방울
등줄기 타고
실폭포처럼 아래로 쭉 흐르는
여울의 노래

흘러라 흘러
땀에 젖은 뼈마디 석류알처럼
슬픔이 익어 익어
들길의 꿈 깨우리라

눈 오는 날의 象

창문 너머 보이는 세상
천사가 옷 벗고
누웠다

동네 아이 몇 모여
동화의 나라로
조막손 눈덩이 굴려
찾아들고

싸르락싸르락
천사가 옷 벗는
창문 너머 세상으로
이웃들이
제 담벼락만 쌓던
누더기 옷 벗고

겨울 샛강 건너는
꿈꾼다

누님에게

쉰하나 간지러운 짐꾸러미를 풀다 보면
시야(視野) 가득 반란의 묘(妙)
칼날처럼 중추신경을 세우고
누님, 제 어릴 적 밥투정만 했었지요
그러던 어느 소도시의 간이역 밑으로
졸졸졸 알맞게 흐르는 개울물이 범람하여
강물처럼 보이는
거기가 강구(河口)인가요
기름진 교태의 몸
동, 동, 동
낯선 쉼표를 찍고
줄곧 아래로 달려가고 있어요
맨 끝머리 짐꾸러미를 풀다 보면
파리한 삶의 거죽을 벗은
가장 친근한 얼굴이 강바람에 목을 놓고
생선 비늘처럼 뚝방 위로 마냥 기어오르는
누님, 제 싱싱한 맥박은 다 어디로 갔는지요
밥투정 소리조차 들을 수 없는 평야

볼품없는 풍경 한 폭
서늘히 박제된 양복 입은 신사가 콘크리트 벽에서
앙탈을 떨고 있어요
정말이지 우두커니 서서
불감의 벽들과 눈 맞추기 싫어요
누님, 저마다 밤의 무게 털고 일어나는
몸집 작은 질경이 풀밭의 아름다운 소란을
부적처럼 주머니에 간직하고 싶어요
눈물 글썽이며 주저리 아픈 담장을 월장하는
저물녘의 반란,
정말이지 뭉클 꿈꾸고 싶어요
때로는 땅바닥에 꼬꾸라지는 일 있어도

요람에서 무덤까지
—모과

꽃을 틔울 때 내게는 봄날
타- 앙-

보름달 끌어당겨
착과를 하였고,

주먹만 한 푸른 덩어리들
마당 가로 굴러떨어졌다

계절이 깊어 갈수록
체취도 익어

까맣게
곪아갈 중심

견고한 잠,
내밀한 방 가득 퍼지고 있다

경계

여기는 채소밭이다
아무렇게나 생긴 돌들이 보초를 선다
마당 한 켠, 따사로운
햇살 먹고 크는 상추와 쑥갓 주변의 돌무더기

여기서부터 아무나 발을 들여놓아서는 안 된다는
묵언의 표석이다

까치가 제 영역을 긋고
509호와 510호, 벽 하나 두고
멈출 수 없는 감정 덩어리
생각을 넘어서 가는 몸짓

날벌레가 아파트 방충망 틈새로 기어들었다
에프킬라 이내 뒤집어쓴다
아내가 나의 중심을 넘었다
지금 부부싸움 중

편지
—아버지

마른 뼈 서걱이며 지친 허리로 곧잘 눕는
일모(日暮)의 들녘
눌리고 찢긴 풀꽃들의 낮은 포복으로
하루의 피곤을 묻어내면
당신의 따스한 체온과 잔주름
어느덧 제 이마를 향해 옮겨붙고 있어요
가장 낮은 곳에 머물며
관절마다 들쑤시는 아릿아릿 저문 들녘의 통증
당신이 자갈밭 일구실 때 비하면야
한두 차례 생태계 훑고 지나가는
갈피바람에 지나지 않지마는
흐리고 퉤퉤한 안개 속에
가끔 눈보라의 갈퀴를 달고 무너져 내리는
매운 텃밭의 나날
허기를 말아 국물처럼 훌훌 마셔도
목구멍 타고 넘지 못하는 이 가난의 대물림을
발길질로 멀리멀리 차 버리고 싶어요
비늘 돋쳐 파닥이는 키 작은 풀꽃들 사이

아버지의 텃밭
내 유년의 밤을 모로 세워 뒤척이는
오늘은 어둔 강심이 되어
바다로 쭉- 눕고 싶어요
그러나 풀죽었던 잎사귀
다시 끈끈이 모여 일어서는
텃밭 둑의 억새풀처럼 내친김에 휙 치달려
강가의 갈밭머리께
살을 풀어 젖어드는 꽃순같이
어둠을 탈탈 털고 일어나는
건강한 농초의 아들이 될래요

오, 어머니

아슴아슴 그리운 굴뚝 연기 속
개피는 얼굴
들풀로 성큼 다가서
강구(江口)에 머리 풀고
언 살 슬며시 비벼 보아도
어머니

비실비실 육신은 갈피 모를
지하로 지하로 곤두박질할 때면
오, 어머니
당신의 품속으로 애벌레처럼 기어들어
때로는 세 살배기 아기가 되고 싶어요

어머니, 육신의 아픔 삭이며
노을빛에 감긴 영혼
흔들어도 빨랫감처럼 짜대어도
버젓이 헹구어내지 못하는
이 어둠 떼

젖은 꿈, 둥지 떠나는 여름새의
날개깃에 자꾸만 옮겨붙고
청청한 물 써는 소리
이명(耳鳴)의 기쁨으로 간직하고 싶어요
오오, 어머니

지독한 공명

아내가 부엌에서 소면을 삶고 있는 일요일
바람도 지칠 법한 칠월 한낮
아파트 거실에 베개도 없이 아무렇게나 드러누워 있다
쭉 뻗어 여기저기 사방 뒹굴고 있다

바깥을 보면 온통 초록 그 나무에 붙어서 시공(時空)을 다 차지한
저 소리는 혁명가의 것
낮게 하강하여 잽싸게 구멍이란 구멍 모두 점령한
재활용 구호

대면하고픈 사람 별로 없다
소리와 소리가 충돌하여 지배하는,
주파수 딱 맞은 라디오 같은, 덜컹이며 도착하는 통근열차 같은,
호응 없어도 벽을 타고 거실 바닥으로 밀려드는
지독한 공명

이러다가 중독되겠다
그 소리 속으로 빨려들겠다

병실일지

1.
침상마다 링거가 대롱대롱
서성이거나 배회하는 시간보다
누워 있는 시간이 많은 무릎관절 병실
사람들이 홀로 선다는 사실과
혼자서 걷는다는 것은
직립보행의 위대한 일임을 깨닫기까지
오십 년이 걸렸다

2.
오십 세의 붉은 가을
병원에서 보내었다
전방십자인대와 측면인대가 끊어진 오른쪽 다리
좌우로 흔들,
흔들리는 다리를 부여잡을 때는
전등 나간 추운 겨울밤

3.

주사바늘은 황토를 헤집는 두더지
혈관 찾아 살갗을 뚫고
항생제를 놓고
소염진통제를 투석하는,
메스 댄 상처 부위의 고통보다 집요한 주삿바늘
피딱지 채 아물기 전에
또 다른 부위의 살갗을 찔러대는 간호사

우리들의 고향

저문 하늘, 감꽃 같은 별들이
긴 꼬리 물고 달려드는
고향 언저리에 서면
풀뿌리의 밑동
굴삭기에 깎여
덤프트럭에 실려 나가는
우리들의 고향 어디로 갔느냐

접시감나무에 매달려 떫은 땡감 따 먹던
열린 눈과 귀
열린 가지와 잎 사이
논공단지의 술집과 상가가 피고 지며
할퀴고 간 자국뿐
허옇게 드러난 야윈 턱뼈뿐

아침이면 떼 까치 앞다투어
거문고 타던
내 유년의 깊은 심장부

다시 날 밝아 와도
까치 떼 거문고 현 지척 없는
고향은 참으로 눅눅한 슬픔의 골짝
산그늘에 묻혀 살았어도
밀물처럼 달려들던 풀 이엉의
넉넉한 이미지
껍질 벗고 토하듯
구절초 꽃봉오리 피었거니

우리들의 고향 어디로 갔느냐

장대비

검은 아스팔트 위
수천의 나비 떼 후드득 후드득 날고 있다
어디서,
갑자기 반갑지 않은 손님이 대문을 발로 차듯이
땅을 거침없이 패고 있다
세차게 팰수록 나비 떼의 춤사위
숨,
가쁘다
양철지붕 아니어도
세상의 소리 다 삼키고 있다
시커먼 구름 하늘
세상의 먼지 다 쓸고 있다
검은 아스팔트로 뛰쳐나온 풀숲의 개구리들
수천의 왕관 위로 뛰어오르고 있다
우산을 쓰지 않은 꼬마들
모퉁이로 신나게 뛰어가고 있다

해설

소통과 공명을 꿈꾸는 시

정병근(시인)

'어떤 기교도 정직함을 이기지 못한다'는 말이 있다. 정직함은 진실성과 통하며 예술의 미학적 판단 기준인 '진실성/전문성/창의성' 중에 맨 앞에 놓이는 덕목이다. 윤창도 시인은 시에 대해 누구보다 진실한 태도를 보인다. 자연친화적인 정서에 기대고 있는 그의 시는 생활에 기반을 두고 호흡하면서 무의미하게 소모되는 자신을 각성하고 부조리한 세상을 향해 소박한 목소리를 던진다. 그의 시가 지향하여 깃들고자 하는 지점은 가족과 정주(定住)하며 행복하게 살아가는 자연 상태의 원형공간이다. 척박한 노동과 가난한 일상을 견디면서 '보이지 않는 손(자본주의 체제)'에 의해 억압되고 거세된 욕망을 회복하고 싶은 시인의 의지는 니체의 '자유의지'와도 맞닿는다. 자연의 건강한 몸으로 바깥세상과 '소통/공명'하고 싶은 열망이 내재되어 있다. 그의 시에는 계절적인 상념이 많이 보이며 특히, '봄'이 가지는 시적 상징을 자주 활용한다. 얼었던 땅이 풀리고 만물이 생동하는 봄이야말로 소통하기 가장 좋은 계절이 아닌가.

한편, 이 시집의 표제작 「지독한 공명」에 나오는 '공명'은 이상적인 소통으로서의 공명이라기보다 오히려 그 반대 즉, 매너리즘에 빠진 습관적 공명을 경계한다. 일상의 공명에 매몰되면 살아 있는 감각을 잃는다는 아이러니가 돋보이는 발상이다.

시집은 전체 4부로 구성되어 있는데 부의 구분에 특별한 기준을 찾기 어렵지만, 3부의 '봄 연작'이 두드러진다. 제1부는 과거를 돌아보는 시편들이고, 제2부는 노동과 일상을 넘나들며 겪는 실존적 비애를 담고 있으며, 제3부는 봄을 예찬하는 연작 시편들, 제4부는 고향과 원 가족(부모형제)을 그리워하는 '귀거래사'이다. 이런 전체적인 맥락을 염두에 두면서 시집에서 중요한 비중을 차지하고 있다고 판단되는 몇 편을 뽑아 감상해본다.

객지 생활 삼십 년, 원룸 짓다 그만둔
건설현장 앞 비틀거리며 지나가다
모래더미 위에

급히 오줌을 누게 되었다
웅크렸던 도둑고양이가 화들짝 놀라 도망가고
쉬-이-이-

밤별 유난히 반짝인다
어둠 속에 달맞이꽃도 밝아온다

모래더미는, 뜨건 분비물을 모두 받아들여
이내 흔적을 감추고 있다
어머니 사랑처럼

—「그리움」 전문

시집의 맨 앞에 실린 시인데, "객지 생활 30년"이라는 구절을 통해 시인의 이력을 짐작할 수 있다. 건설현장 모래더미에 오줌을 누는 행위는 공중도덕을 어기는 일이지만 시에서는 그다지 중요하지 않다. 어김으로써 오히려 일탈의 해방감을 느낄 수도 있으니까. 시인은 오줌을 누면서 막힌 곳이 시원하게 뚫리고 뭔가 따뜻해지는 느낌을 받는다. "밤별 유난히 반짝인다/어둠 속에 달맞이꽃도 밝아온다"는 표현은 스트레스가 이완되고 차분해지면서 비로소 자연과 소통/공명하는 순간을 나타낸다. 오줌을 다 누고 난 시인은 오줌이 금방 스며드는 모래더미를 보면서 자식의 모든 것을 받아주는 어머니의 넉넉한 품속 같은 사랑을 느낀다.

이 시 외에도 '모래'를 소재로 한 시가 한 편 더 보이는데 "물변녘 빛살에 찔린 모래여,/너는 눈물이 유독 흔타"(「모래」)라는 진술은 바람이나 물결을 따라 움직이는 모래의 속성을 인생의 모습에 비유하고 있다.

공원 구석진 곳에서 오줌을 눈다
목련나무 뒤에 숨어서 눈다
이유 없이 툭, 툭 꽃잎 지는 소리에
몸 움츠리며 남몰래 훔쳐 누는 방뇨
도망가는 봄 같다

노름빛에 쫓기듯 누는 오줌
순식간 목련나무 밑동을 후벼 파는
치명적 소통,
작은 구멍 하나 뚫고 있다
저 거침없이 터져 나오는 오줌발
호스를 자르거나 무거운 힘으로 눌러버린다면

—「꽃 떨어진다」 부분

위의 시는 앞의 시 「그리움」과 유사한 '방뇨 경험'을 시적 모티브로 삼고 있다. "순식간 목련나무 밑동을 후벼 파는/치명적 소통,/작은 구멍 하나 뚫고 있다" 방뇨를 하면서 세상과 소통하고 있다고 말하는 시인의 생각이 통쾌하고 재미있다. 억압당한 채 꽉 막혀 있는 현실을 살아가는 시인의 처지를 짐작할 수 있다. 방뇨 행위를 통해 윤리적 인간 이전의 원시 자연인의 몸으로 돌아가고 싶은 시인의 마음이 읽힌다. 이런 정서는 시집 전체를 관통하고 있다.

> 아버지와 아들, 지붕 위에 있습니다
> 간밤 천둥 번개 우르르 떨어졌던 것이
> 꽃잎이면 좋았으련만 빨간 슬레이트 지붕 집
> 구멍 난 지붕 수리하고 있습니다
> 마당 가운데 어머니가 쳐다보며 가슴을 졸이나 봅니다
> 동풍이 부는지, 어머니의 긴 머릿결
> 서쪽 방향으로 쏠려 있습니다
> 누렁개는 신이 난 듯 지붕 쳐다보고
> 유채꽃 노란 꽃밭, 봄날은 배경 가득 출렁이고 있습니다
> 햇빛 지나가자 그림 사진으로 복사된
> 왕벚꽃처럼 노출된 그림엽서
> 왈칵, 문 열고 경계 넘어온 파문
> 살 속을 파고들며 슬레이트 지붕 집
> 빗소리인 양 유년의 기억 흔들어 깨웁니다

아릿아릿 되살아나는 통증 한 장

—「통증 한 장」 전문

사진은 누가 찍었을까 궁금하다. 시인은 유년 시절이 담긴 한 장의 사진을 보고 있다. 아버지와 지붕을 수리하는 장면인데 밑에서 쳐다보고 있는 어머니와 누렁개도 보인다. 사진은 멈춰 있는 순간으로만 말을 한다. 사진의 장면은 시인의 회상을 통해 움직임을 얻는다. 간밤 비바람에 손상된 지붕을 고치러 아버지와 지붕에 오른 모습과 바람에 나부끼는 어머니의 머릿결을 보는 시인의 마음이 아련하다. "누렁개는 신이 난 듯 지붕 쳐다보고/유채꽃 노란 꽃밭, 봄날은 배경 가득 출렁이고 있습니다"라는 구절을 읽으면 마치 이중섭의 가족 그림들에서 느껴지는 원형공간의 유토피아를 떠올리게 한다. 가고 싶지만 다시는 갈 수 없는 공간이기에 그 사진은 시인의 가슴에 '통증'처럼 박힌다. 시인은 "아릿아릿 되살아나는 통증 한 장"을 품고 '불면'(「불면」)에 시달리며 힘겨운 삶을 이어간다.

꿈꾸며 살고 싶다
생명선 재촉해도 좋아
그래, 아궁이 불문 열어 줘
황소처럼 살다 아침이면
부엌문 앞으로 끌려 나와

비록 식칼을 맞을지라도
밤새 화덕에서 벌겋게 흘레붙던 몸뚱이
허리 삭둑 동강 날지라도
불문 닫고 산 날들
그 얼마나 답답한 겨울이였던가
꿈꾸며 살고 싶다
아궁이 불문 활짝 열어 줘
컴컴한 얼굴 가슴 헐떡여
싸늘한 바람 온몸으로 옹골진 구들목까지
사방 거침없이 뜨건 열기 몰고
아, 오늘 밤
당신의 허리 달짝지근 녹여 주는
부신 삶을 노래하리라
빛나는 세상 노래하리라
봉창 기어든 겨울 달빛
목마르게 밝다

—「이런 노래를 꿈꾸며」 전문

시인의 시적 지향점이 가장 잘 드러난 시라고 생각한다. '~싶다', '~하리라'와 같은 서술이 시인의 목소리를 뜨겁게 일으켜 세운다. "생명선 재촉해도 좋아/그래, 아궁이 불문 열어 줘/황소처럼 살다 아침이면/집행자의 집게에 집혀 부엌문 앞으로 끌려 나와/비록 식칼을 맞을지라도" 생명을 단축하는 금기(禁忌)를 깨고서라도 하고 싶은 것을 마음껏 하고 죽겠다는 다짐이 곳곳에 배어 있다. 무엇이 시인을 주저하게 할까…… 우리는 대개 미래의 희망을 위해 근면하고 절제하는 미덕을 실천하며 살아야 한다고 배워왔다. 가난한 시인도 이런 생활신조를 지키면서 살아왔을 것이다. 그러나 그렇게 살수록 빈곤의 악순환에 빠지는 것이 자본주의의 현실이다. 시인은 그런 상황을 일거에 뒤엎고 몸의 감각이 원하는 대로 자유롭게 향유하고 싶은 열망에 빠진다. 추운 겨울처럼 매우 혹독한 현실 환경에 노출된 시인에게는 따뜻함을 넘어 뜨거운 열기가 필요하다. 막힌 감각을 활짝 열고 존재 자체를 찬양하며 거침없이 뜨겁게 사랑하는 자유를 열망한다.

열리지 않는다 열리지 않는다
손발을 비벼도 비벼도
시린 체온의 방
닫힌 의식의 창들을 두드릴 때마다
감전된 혼돈
망각의 슬픈 비듬은
종일토록 휴화산 분화구 위로 흩날리는데
청석의 소리 배어나지 않는다
아직은 살아 꿈꾸는

생살의 더운 피와
뼈의 희망은 중천에 박힌 불덩이
분명, 열린 의식의 몽우리는
해원의 푸른 물길 향해
시야 가득 자맥질해대는데
열리지 않는다 닫힌 의식의 창들은
끝끝내 열리지 않는다

—「열리지 않는 방」 부분

그러나 위의 시를 보면 시인이 아무리 애를 써도 시인이 꿈꾸는 자유에 이르지 못함을 알 수 있다. 현실이라는 "시린 체온의 방"에 갇힌 시인은 모든 감각을 되살려보려고 발버둥 치지만 한번 닫힌 감각은 좀처럼 회복되지 않는다. 시인은 난감한 상황을 맞으며 조바심친다. 시인의 이런 절망은 우리 모두의 절망으로 확장되면서 공감을 얻는다. 우리는 자유롭게 생동하는 감각의 세계로 돌아갈 수 있는가! 그런 의미에서 우리는 모두 '욕망불구자'일지도 모른다.

눈 펑펑 내리는 설산에서
흰 코끼리 탄 소녀
꿈속을 너울너울 걸어 들었다
성당 어귀 어슴푸레 돌아

함빡 낡고 소슬한 뜨락 저며 들며
컹 컹 컹
얼을 뽑고 다녔다
산 너머 햇살 소복이 쌓이고
잔잔한 바람 향긋 일었다
아흐, 홀로 뒤채며 아득히 불렀던 노래여
흰 코끼리의 발짝에 자르르 부서지면서
깡그리 부서지면서
맑게 다시 차오르는 성곽이었다
깨진 기왓장에
동강 난 기둥에
참조기의 눈빛으로 살펴 있는
흰 코끼리 탄 소녀의 팽팽한 눈물
폐부 깊숙이 더운 사랑으로 살아 있었다

—「꿈 이야기」 전문

꿈과 환상은 상상력에 기반을 둔 시의 장르적 특성에 잘 어울리는 소재라고 할 수 있다. 꿈의 내용보다는 꿈을 꾸게 된 마음의 이면을 읽어내는 것이 핵심일 것이다. 인용 시는 시집의 다른 시들에 비해서 가볍고 깔끔한 언어적 미학을 보여준다. "눈 펑펑 내리는 설산에서/흰 코끼리 탄 소녀/꿈속을 너울너울 걸어 들었다" 소녀는 늙지 않는다. 소녀는 시인의 마음속에 존재하는 그리움의 대상이다. 언젠가 헤어진 애인이며 대타자이다. 현실 세계에서는 보이지 않지만 언젠가는 만나서 그간의 사연을 나누고 회포를 풀어야 할 사람이다. 그런 소녀가 시인의 꿈에 나타나니 얼마나 좋을까. "흰 코끼리의 발짝에 자르르 부서지면서/깡그리 부서지면서/맑게 다시 차오르는 성곽"을 걸어가는 마음은 기쁨으로 가득할 것이다. "참조기의 눈빛으로 살쪄 있는/흰 코끼리 탄 소녀의 팽팽한 눈물/폐부 깊숙이 더운 사랑으로 살아 있"는 소녀의 모습을 보고 시인도 함께 울었을 것이다. 꿈속에서 느끼는 충만감은 어딘가 불안해 보이고 곧 깨어날 꿈이라는 사실이 가슴 아프다. 꿈이 행복할수록 현실의 어려움은 비례할 테니까 말이다. 그래도 가끔씩 이런 꿈을 꾸어서 위로가 된다면 좋겠다.

농구를 잡고
사방으로 튀는 햇살 아래
야트막한 산밭뙈기 일군다

불끈, 엷은 물기에 젖은 풀포기의
푸른 멍을 찍어 올릴 때마다
농심의 무딘 꿈을 달래는
소박한 씨앗 한 줌

바람 몰래 썩썩 크는
야트막한 산밭뙈기의 미미한 생명
해마다 숙연한 희망을 펌프질하면
간혹, 주먹만 한 가슴의 돌부리
몇 뽑혀

산비탈 어스름 속
둔중한 몸 던진다

—「파종」 전문

제4부의 첫 시이다. 객지 생활을 접고 고향에 돌아와서 농사일에 전념하는 '귀거래사'라고 할 수 있다. 자연 속에서 "야트막한 산밭뙈기"를 일구면서 소박하게 살고자 하는 꿈이 담겨 있다. 그곳은 바로 부모님이 살던 곳이고 '산밭뙈기'는 가난한 부모님이 물려준 유산일 터이다. 일종의 귀농일 텐데, 요즘 농촌 생활과는 다소 동떨어진 고전적인 관념을 보이고 있다. 이 시를 필두로 「강변에서」, 「들판에서」, 「풀의 노래」, 「들의 노래」 등으로 연이어서 비슷한 정서의 시편들이 이어진다. 또한 「누님에게」, 「편지—아버지」, 「오, 어머니」 등의 시를 통해 원가족을 호명하면서 회한에 잠기기도 한다.

아내가 부엌에서 소면을 삶고 있는 일요일

바람도 지칠 법한 칠월 한낮
아파트 거실에 베개도 없이 아무렇게나 드러누워 있다
쭉 뻗어 여기저기 사방 뒹굴고 있다

바깥을 보면 온통 초록 그 나무에 붙어서 시공(時空)을 다 차지한
저 소리는 혁명가의 것
낮게 하강하여 잽싸게 구멍이란 구멍 모두 점령한
재활용 구호

대면하고픈 사람 별로 없다
소리와 소리가 충돌하여 지배하는,
주파수 딱 맞은 라디오 같은, 덜컹이며 도착하는 통근열차 같은,
호응 없어도 벽을 타고 거실 바닥으로 밀려드는
지독한 공명

이러다가 중독되겠다
그 소리 속으로 빨려들겠다

—「지독한 공명」 전문

앞서도 말했지만, 이 시는 묘한 아이러니를 품고 있다. 보통

'공명'이라는 단어는 좋은 의미로 쓰이지만 이 시에서는 지겹다는 의미로 쓰이고 있다. 일종의 역발상인 셈이다. 일상에 매몰된 공명은 강요된 습관이며 저항적인 권태를 몰고 온다. 시인의 주위는 온통 익숙한 것들로 둘러싸여 있다. 익숙한 것들은 나태함을 불러와서 우리의 감각을 마비시킨다. 생동하는 시간을 느낄 수 없게 만든다. 시인은 바로 이런 점을 꼬집으며 일상의 지겨운 공명에서 벗어나고 싶은 충동을 느낀다. "바깥을 보면 온통 초록 그 나무에 붙어서 시공(時空)을 다 차지한/저 소리는 혁명가의 것" 시인은 나무에 붙어서 우는 매미 소리를 혁명가의 목소리로 찬양하며 소리치고 싶은 속내를 드러낸다. '젊은 시인이여, 기침을 하자. 눈더러 보라고 마음껏 기침을 하자'고 외친 김수영의 시 「첫눈」이 생각나는 대목이다. "주파수 딱 맞은 라디오 같은, 덜컹이며 도착하는 통근열차 같은,/호응 없어도 벽을 타고 거실 바닥으로 밀려드는/지독한 공명" 속에서 시인은 익사할 지경이다. 누군들 이 지겹고 가난한 일상을 벗어나고 싶지 않겠는가. 필자도 "이러다가 중독되겠다/그 소리 속으로 빨려들겠다."

문학의전당 시인선 372

지독한 공명

ⓒ 윤창도

초판 1쇄 인쇄 2023년 10월 24일
초판 1쇄 발행 2023년 10월 31일
지은이 윤창도
펴낸이 고영
디자인 헤이존
펴낸곳 문학의전당
출판등록 제448-251002012000043호
주소 충북 단양군 적성면 도곡파랑로 178
전화 043-421-1977
전자우편 sbpoem@naver.com

ISBN 979-11-5896-620-1 03810